AF578265

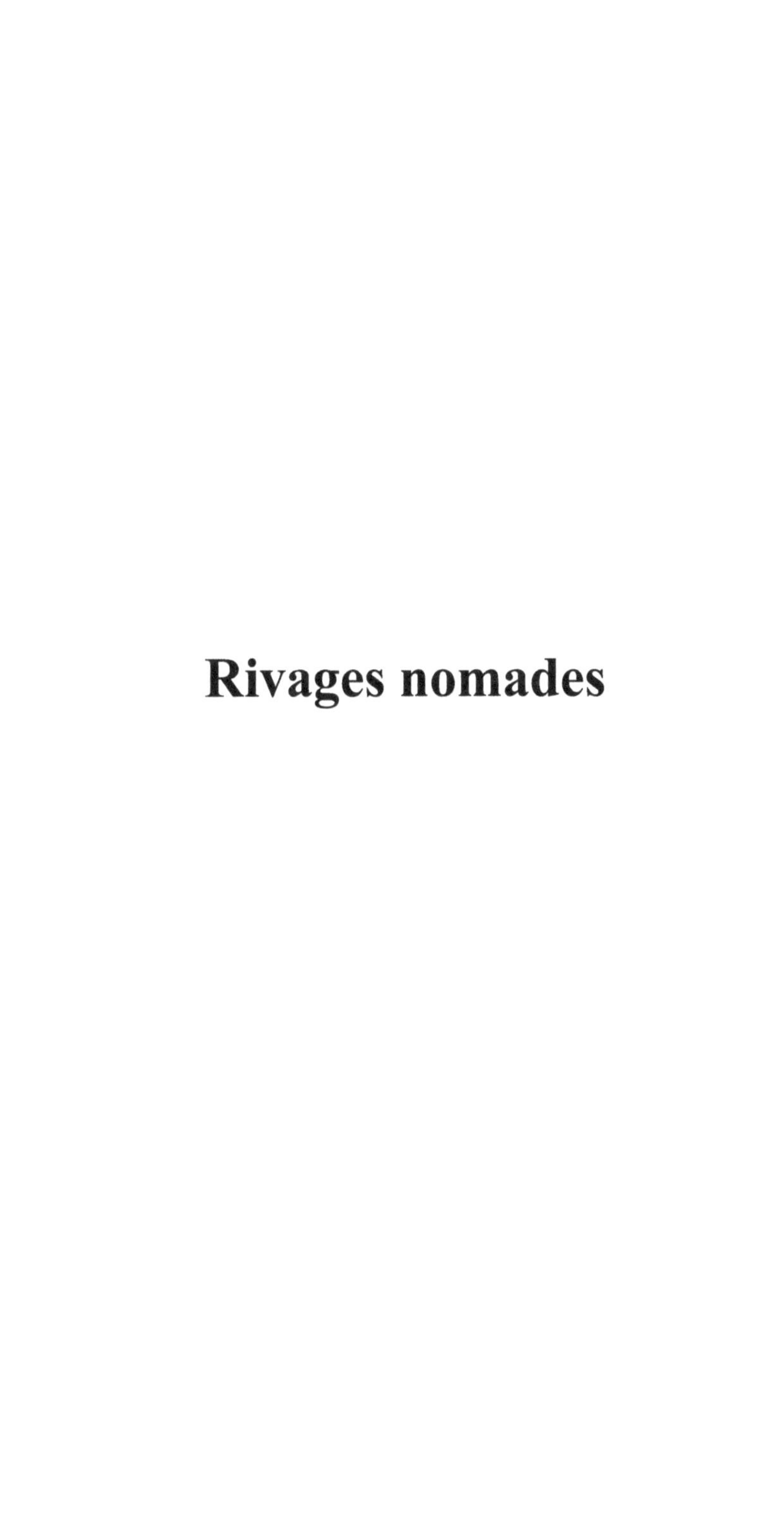

Rivages nomades

Claude Bugeia

Rivages nomades

Recueil

ISBN : 979-10-377-3088-6

À mes proches, famille et amis, qui m'ont soutenue
sans relâche dans l'écriture de ces poèmes
jusqu'à l'idée de les rassembler en recueil,
comme une moisson d'automne.
À la mémoire de mon père, Étienne,
qui aimait tant la poésie.

D’une rive à l’autre

Contempler une côte qui défile devant un navire, c’est comme penser à une énigme. La voilà souriante, maussade, engageante, splendide, minable, insipide ou sauvage, mais toujours muette, avec cet air de chuchoter : « Viens voir par toi-même. »

Joseph Conrad

C’est à Pantelleria, lago di Venere

C’est à Pantelleria, lago di Venere
Une immense coquille d’huître aux bords irisés
Aux doux rivages blonds d’argile colorés
Courent les oies blanches,
Elles s’égaillent, un brin effarouchées,
Elles cacardent, joyeuses,
Elles jouent les oies cendrées, les bernaches heureuses,
Et puis, il y a toi qui te mêles au manège,
La rousse échevelée, à la peau cristalline
Et aux jambes de fée,
Au maillot de plumes blanches qu’on aimerait effeuiller,
Qui joue l’oie égarée, belle oie blanche cendrée ;
Et l’image vacille, elle entre dans la danse
Et ne peut résister à l’appel du feu, à l’appel de Chiara
Danseuse de cabaret.
C’est à Pantelleria, lago di Venere.

Marseille, 24 novembre 2020

Pluie sur l’étang

Plic, ploc,
Une goutte d’eau heurte la nappe de velours.

Plic, ploc,
Deux gouttes d’eau dansent leur ritournelle
Et l’onde se répand jusqu’au bord de l’étang.

Plic, ploc,
Le lourd bouton du nénuphar rose héliotrope
Éclot imperceptiblement.

Une brume vaporeuse monte vers le nuage soyeux.

Marseille, 28 novembre 2020

Douceur du soir

C’est l’heure exquise où le soleil déclinant
Inonde tes façades, Banyuls, de biais,
Du jaune paille au mordoré,
De tous les ocres au rouge foncé.
Nous voici entourés d’un nuancier infini
Au spectacle de l’été finissant.
Et tes couleurs chaleureuses diffusent leur douceur.
Les fers forgés font des rondes aux balcons
Où les hommes s’accoudent en regardant la mer.

Banyuls, 15 septembre 2020

Balcons banyulencs

Il est de vieilles villes toscanes
Qui rivalisent par leurs tours, masculines,
Toi Banyuls, la Catalane,
Tu domines la mer par tes balcons
Qui s'étalent aux façades, rarement en surplomb,
Riches arabesques de fer rouge ou noir,
Dentelles infinies qui s'offrent au passant
Maquillant les façades ocrées tel un fard.
Quelles femmes as-tu cachées derrière tes persiennes ?
Tu t'ouvres sur la mer comme un théâtre antique.

Banyuls, 18 septembre 2020

Réminiscences océanes

Tandis que je marchais tout au long du rivage
En contemplant la mer et les arches de pierre
Qui entourent la plage
Une vague, plus hardie, me lécha les chevilles
Et je revis alors par-delà l'horizon
Le grand lagon bleuté et le phare Amédée
Tout blanc, endimanché, guettant l'arrivée des plongeurs.

Une mouette passa au-dessus de ma tête,
Et c'est un paille-en-queue que je vis,
S'élevant dans les airs, s'amusant des courants
Je sentis le vent vif caresser mon visage,
Balayant mes cheveux, obscurcissant ma vue
Les nuages filaient sous le vent dominant
Mais ce sont les alizés qui me traversaient.

Alors que j'agitais la surface de ma main,
Je goûtai la douceur du clapot
Sur les coraux, tapis juste au-dessous de l'eau,
Paressant au soleil, offrant mille recoins
Aux poissons silencieux et mêlant leurs couleurs
Comme du peintre, la palette chatoyante
Conjugue les nuances,
Du jaune impérial au bleu de la jacinthe.

Banyuls, 27 septembre 2020

Marseille

Et je reviens vers toi par-delà les voyages,
Marseille, mon port d'attache,
Couronnée de tes crêtes aveuglantes
Comme pour te protéger
Marseille, foisonnante de vie,
Accueillante et repoussante à la fois,
Surprenante dans ses recoins cachés
Qui ne se livrent qu'à moitié au visiteur,
Odorante par tes parfums
D'iode, d'épices et de pinèdes mélangés,
Éblouissante au soleil de juillet,
Étourdissante ville,
Trépidante et claironnante à souhait
Chantante dans son phrasé.

Le vent chasse tes miasmes,
Le soleil sèche tes larmes,
Et la mer s'offre aux corps jamais rassasiés
Les purifiant de son bleu outremer.

Marseille, 4 septembre 2020

Onomastique

Tandis que la mer bat la grande rade
De son écume, gonflant les voiles étarquées,
Elle infiltre la terre, creusant sournoisement
Depuis des millénaires ses canyons bleutés,
Dans les hautes roches blanches escarpées,
Sormiou, Morgiou ou Maldormé
Que le marin foulait comme un aventurier,
À deux pas du Vieux-Port.

Parfois, d'étranges noms convoquent le passé
Suscitent chez l'enfant des questions sans réponse
Et rappellent les heures glorieuses de la cité radieuse,
À jamais recommencée
Les Anthénors, le Prophète ou l'anse du Phocéen.

Ailleurs, la mer dessine comme des échancrures
Des criques oubliées, protégées du regard,

L'Escalayolle, Malmousque ou la Mounine,
Petits havres de paix pour tous les Marseillais
Qui fréquentent la mer, un rien privilégiés.

Banyuls, 12 septembre 2020

Fin de partie

C’est l’heure de la journée où la plage se vide.
La mer indifférente au temps, se casse à nos pieds
Balayant le rivage, entraînant avec elle,
Les enfants attardés.
De jeunes excités se jettent du ponton
Une dernière fois dans l’eau brune.

Le vent étire les nuages à l’horizon,
Soulevant les voiles des baigneuses affairées
Et dévoilant les peaux convoitées du regard.

Ici, point de masque et les regards se croisent
librement
D’un peuple bigarré, se riant des lois contre nature.
Messieurs les goélands prennent l’air en causant,
Les plus jeunes s’essayent à l’envol, hésitant,
Pointant leur bec au vent, soldats bien alignés,
Et les anciens furètent auprès des estivants.

L'heure est claire encore et le soleil amorce sa
descente.
Lentement, le sable réapparaît,
La plage accueille encore les couples enlacés,
Soucieux de partager ces instants en suspens
Devant la mer.

Des femmes habillées glissent leurs pieds dans l'eau
Et goûtent la fraîcheur
Le vent murmure dans leurs voiles.

Marseille, 6 septembre 2020

La descente vers la mer

C’est un escalier qui descend vers la mer,
Il court, accidenté, dans la roche rosée,
Baigné par les arbouses, la bruyère et le genévrier.
L’œil du promeneur y découvre, médusé,
Des formes singulières, de curieuses chimères
Sculptées dans le granit par l’assaut de la mer,
Des tempêtes et du vent.
L’éléphant semble y prendre l’air
Et le rhinocéros repose, corne en avant.

Ses marches inégales concentrent l’attention
Du baigneur en puissance, tout trempé de sueur,
Savourant à l’avance la promise fraîcheur.
Et les cigales chantent à son intention
Leur petite musique tandis que le maquis diffuse son odeur
Ardente de cystes et de romarins en fleur.
Soudain, le sable blanc succède au granit rose.
Les yeux supportent à peine l’éblouissant mirage,

Et c'est la délivrance du bain si convoité.
En haut, sur son rocher, le lion couronné
Contemple les agapes de l'homme et de la mer
Depuis la nuit des temps.

Marseille, 8 décembre 2020

Pêche au large

S’évader sur la mer
Naviguer sur les flots
Et sentir sur sa face l’air salé
Mêlant l’iode à l’eau
Suivre l’oiseau planant
Sur les rides marines
Qui s’élève soudain emporté par le vent
Deviner le poisson
Sur l’onde qui scintille
Ignorant du danger de l’appât aiguisé
Et puis le voir soudain
S’enfoncer dans l’abîme
Déjouant le plan élaboré par l’homme
Admirer le mahi-mahi
Et sa robe changeante
Jaillissant sur les vagues et luttant vaillamment
Capituler enfin
Ruisselant sur le pont
Inondant de lumière
Le visage riant du pêcheur triomphant.

Marseille, avril 2020

Baie des Citrons

C’est dimanche, jour du seigneur des eaux.
La plage dans la ville accueille sur ses flancs
Le peuple bigarré, tout âge confondu.
À chaque extrémité, les pêcheurs taquinent le poisson
Tandis que des plongeurs se glissent entre les coraux chatoyants.
Des nageurs endurants sillonnent l’horizon.

Près du bord, quelques adolescents sautent du ponton,
Lançant des cris de guerre tout en se défiant.
Sur la promenade, vieux banians et bonnets d’évêque
Offrent leur ombre aux femmes fatiguées
Par le soleil cuisant, assises sur les nattes,
Surveillant les enfants égaillés sur le sable,
Et les hommes palabrent sur les bancs.
Les jeunes gens tentent un rapprochement
Oublieux des parents, les sens exacerbés
Et les peaux colorées frôlent les peaux rougies.
Dans un coin, un mendiant fredonne une rengaine,

Entouré de ses chiens, les yeux papillonnants.
Soudain, on entend la cloche du marchand ambulant
Et les gamins courent vers le canotier blanc
Réclamant le coco frais ou la vanille coulante.

De gaies jeunes filles entraînent leur maman
Hésitante, dans les vagues et leurs rires
Éclaboussent l'oreille des passants.
Ô plage bénie, insouciante du monde !

Marseille, 9 novembre 2020

Ahe, atoll du roi Georges

Je me souviens d'Ahe, atoll du roi Georges,
Collier de perles fines entourant un lagon,
Refuge de Moitessier, renonçant au vieux monde,
Peuplé de cocotiers, remuant sous le vent,
De nodis noirs, de sternes et de fous à pieds rouges,
Vivant en bon entendement avec ces bons géants,
Témoins d'un autre temps, les Pisonia Grandis,
Nichant dans leur feuillage en engraissant leur sol.

Je sens encore le figuier de Jeanine,
Les fleurs de kahaia, cueillies au soir tombant.
Je revois les raies grises s'amusant à nos pieds et les oursins crayons,
Les tables parées de fleurs accueillant les convives.
J'entends la voix de Franck saluant les présents
Et le bruit du moteur de la barque rentrant
Sur la mer apaisée, rougeoyante, où le soleil se noie.

Marseille, 11 octobre 2020

La ferme abandonnée

Ils ont quitté la ferme en tirant la poignée.
Ahe, ferme perlière abandonnée
Tout au bord du lagon doré
Une vieille carcasse de voilier échoué
Partage sa peine,

Le grand bois de fer murmure au vent
Une rengaine,
Le vert de jade de la façade
Inonde la scène
Au soleil couchant.

Comme si tout pouvait recommencer,
Ils ont quitté la ferme en tirant la poignée,
Mais la tempête a frappé
Et c'est le sable orangé qui s'est invité.
Dans un coin, une étagère,
Et un sourire de mariés figé,
Et la voiture d'enfant bien rangée

Sous la photo jaunie.
La soupière trône encore sur le buffet,
Le service de verres ne sert plus à trinquer,
Et puis le divan, qui gît, éventré.
Le moucharabieh blanc au-dessus de l'évier
Laisse passer l'alizé,
Il traverse la case sans jamais éventer.

Dehors, sous le figuier,
Une vieille citerne croupit toute rouillée
Et des centaines de coquilles d'huîtres,
Entassées, irisées
Témoignent seules de la splendeur passée.

Partout, de jeunes cocos dressent leurs palmes
Comme des oriflammes,
Dans l'odeur des tiarés, à la nacre perlée.

Marseille, 7 décembre 2020

Iaai, l'île inouïe

Telle une vague qui gicle au vent,
Tu surgis dans l'immense océan,
Blanche dans l'outremer.

Éblouissante Iaai,
Avec ta longue plage de sable blanc
Qui crisse sous les pieds,
De Rossel à Mouli,
L'endroit le plus proche du paradis,
Fayawa et Fayaoué,
Gece, Gee et Su,
Île bénie des dieux, divine.

L'homme se prosterne à tes pieds,
Se glisse dans ton eau turquoise et cristalline,
Les yeux chavirés, le cœur fou,
Puis s'allonge sur ton corps brûlant,
Immaculé,
Comme enivré,
Goûtant chaque instant d'éternité.

Marseille, 30 septembre 2020

Nuku Hiva

Dansez toas tatoués,
La danse des guerriers, la danse du cochon,
La geste retrouvée.

Les croupes des petits chevaux noirs dévalent des sommets,
Comme les sources éclatées.
La montagne pleure ses défunts oubliés.

Dansez vahinés, telles des lianes déliées,
Sur le grand tohua de Hikokua
Le hakamanu
La danse de l'oiseau, la danse de la vie,
Tahiatemata ne veut pas embarquer
Pour le Havaiki,
Les kuhane, ses âmes sœurs attendront.

Soudain, à l'ombre de la forêt,
Sur les flancs déchiquetés des pentes,
Dans la brume se dressent les Tikis,
Forces vives de basalte
Dieux survivant sur la Terre des Hommes.

En bas, dans la vallée encaissée de Hatihe'u,
Les bœufs sombres se baignent
Et la houle vient bercer les enfants qui y jouent.

Marseille, 5 novembre 2020

Fresque d'un autre temps…

Ureparapara, reine couronnée de nuées,
Stromboli de la mer de Corail apaisé,
Tu surgis au marin soudain à l'horizon,
Tel un cône qui se dresse de la mer, en éruption,
Tu t'ouvres sur l'océan comme un jardin secret
Et lentement, nous glissons dans la caldera profonde.

Bientôt, de la plage noire, montent des chants d'enfants
Qui se pressent au rivage en y faisant des rondes.
Nous ancrons à distance, un peu dans la pénombre,
Unique barque à voile au milieu des pirogues
Et conscients d'accoster comme des ethnologues
Dans un monde enchanté, à l'écart du temps.

Alors, deux pirogues à balancier s'annoncent par des chants.
Dans l'une, deux enfants blonds au visage riant,
Transportant les fruits multicolores,

Curieux de découvrir ces étrangers errants.
Dans l'autre, des couronnes de fleurs portées par le grand chef,
Vêtu bien simplement.

La magie opéra et nos yeux s'embrumèrent.
On échangea les dons. On offrit les savons, les chiffons et le thon.
Nous reçûmes les guirlandes parfumées et les fruits abondants.
Notre hôte nous convia, voyageurs de passage
Comme invités d'honneur à la fête des enfants.
Et le lendemain fut un enchantement.

On porta le violon et Louise joua, pour la première fois
Dans la case du chef où le grand Bach résonna.
Aux portes et aux fenêtres s'affichaient des visages,
Étonnés, amusés et graves aussi parfois,
Pressés de partager l'hommage.
Alors, sur la place, Nelson prit sa guitare et Louise son violon
Et ils improvisèrent
Tandis que les enfants répondaient en canon.

La conque retentit.
Sagement, les jeunes endimanchés se rangèrent
Par âge croissant, aidés de leurs parents.
Et les aïeux distribuèrent les dons.
Et chaque enfant reçut bien poliment son présent,
Si petit quelquefois qu'il tenait dans le poing.
Puis la file s'égailla savourant son plaisir.

Les femmes nous conduisirent à une promenade,
On visita le potager dont elles étaient si fières,
On goûta la canne sucrière ;
On découvrit une école familière :
Devant une salle unique bâtie d'une charpente,
S'étendait un gazon verdoyant, fraîchement coupé
Toboggan, balançoire et tour de guet
En rondins de bois noir, complétaient le tableau.
Tout était entouré d'hibiscus écarlates
Alignés au cordeau.

Enfin on partagea les jeux et les tournois
Où filles et garçons rivalisaient d'ardeur
Puis, quand la nuit tomba, on fit un feu de joie
Et nous, les filles, nous nous joignîmes aux chants
Autour d'une simple kora et l'on dansa
En rond, avec le peuple enfant,
Nous tenant par la main, dans l'ombre triomphante. .

Marseille, 15 novembre 2020

Houat, grande sœur d'Hoëdic

Si je devais un jour choisir un coin de terre
Pour y finir mes jours, ce serait Houat, cette île
Si douce et si tranquille, au nom d'oiseau d'étang
Aux ailes déployées, offrant un abri sûr aux marins pèlerins.

Au matin, je suivrai le chemin qui traverse la lande, au menhir esseulé,
Aux lapins de garenne et aux ajoncs dorés,
J'irai vers Béniguet attendre le pêcheur
Et je longerai le grand champ d'armérie rose,
Tout couvert de rosée sur le bleu de la mer.

Plus tard, dans la journée, je marcherai vers le vieux port
Montant vers le moulin
Et je chercherai la vieille dame aux chats paressant sur les pierres
Devant sa maisonnette ;

Je passerai l'Ezenn, cet hôtel à tous vents,
Ouvert aux voyageurs,
Ses volets de bois bleu sur son mur tout blanc.

Je croiserai peut-être cette âme tourmentée,
Aux cheveux grisonnants qui tombaient sur ses reins,
Que les enfants craignaient tout en haut de la côte,
Et puis, passé le vieux moulin à vent,
J'irai vers Treach Er Goured, la plage si avenante
Ouverte en demi-lune aux courageux baigneurs
Et aux vagues mourantes, aux couleurs de lagon,
À l'air chargé d'iode et d'odeur de lys au milieu des ajoncs.
Puis, au jour déclinant, je foulerai le sable de Salus,
Guettant derrière l'Île aux Chevaux, le soleil mourant
Au loin, à l'horizon.

Alors je reviendrai vers la maison d'Andrée
Notre hôtesse radieuse,
En longeant les murets et les roses trémières
Et les rosiers grimpants près du four en pierre
Et j'irai déguster l'araignée, la daurade ou le bar
Juste pêchés du jour.

Le soir, j'irai m'asseoir devant le cimetière,
Sur le banc de granit qui domine la mer,
J'écouterai le vent sifflant à mes oreilles

Me raconter le large,
Et je me souviendrai de ces jours d'autrefois
Si doux, vécus comme des ans.

Marseille, 29 novembre 2020

Offrande océanique

Ce matin, le monde s’est offert.
À l’aurore, il a déroulé sa partition
Du palétuvier jusqu’au pin colonnaire
Et les cailloux noirs affleurants,
Ce sont les notes qu’il a jouées
Pour quelques instants seulement.
Le soleil a surgi devant l’île longue
Colorant d’orangé la flaque gris acier.
Alors la brise s’est levée
Le ketch a balancé, saluant son entrée
Et le pin s’est paré de son écharpe rose
Frissonnant sous le vent.
Le palétuvier, découvrant ses racines,
A pris une inspiration
Et ses cordes ont vibré alors au diapason.
La palme du cocotier a frémi doucement.
Un oiseau a émis son long stridulement,
Puis la mer a submergé le tout
Ondulant sous le souffle et délaissant
Le gris pour le bleu triomphant.

Nouméa, Le Stanley, 4 janvier 2021

Automne sous chape

Covid 2020

Covid avide
Vide nos vies
Suspend les vols
Et met les cœurs aux arrêts.
« Covid m'a tué ! »,
Crie le cabaretier.
Avis divers divisent, peu avisés,
On ne sait plus à quel saint se vouer.
Covid avide,
Vil virus,
Vas-tu cesser de nous empoisonner ?

Banyuls, 21 septembre 2020

Le mur de clôture

Il est un mur qui me ferme l'horizon.
Parfois, je le gravis, et m'y hisse sans peine,
Alors j'aperçois des champs inexplorés et des rives
lointaines,
Des vagues déferlantes et des cimes d'argent,
J'entends des chants d'oiseau et des battements
d'ailes,

Parfois, je m'y heurte comme au mur du son.
Je cherche une porte en vain pour le franchir
Mais il se dresse, lisse et attise ma peine,
Il encercle mon cœur comme une prison.

Pourtant au pied du mur, j'entends comme une voix
Qui appelle parfois, qui gronde et qui larmoie,
D'une âme tourmentée, égarée dans la brume
Et qui souffre en silence,
Alors je reprends ma montée au créneau,
Guettant l'aspérité et cherchant des appuis.

J'écoute le murmure de l'écho qui rassure.

Marseille, 18 novembre 2020

Songe troublant

Tandis que je poursuivais le chemin creux de ma vie
Et que j'avais passé le sommet
D'où l'on domine le monde,
Je rencontrai mon ombre mais ne la reconnus pas.
Elle palpitait d'une rage sombre,
Bien que détachée de moi, elle me suivait fidèle
Sur le chemin escarpé de la vertigineuse pente,
Éclairant ma route et projetant dans l'ombre,
Les arbres alentour.
Je brûlais à mon tour, mon cœur figé palpita.

Elle me demanda l'heure,
« Le temps s'est arrêté, lui dis-je » aux premières
heures du soir.
Soudain, l'ombre, mon double s'effaça,
Je repris mon voyage au bout de la nuit.
Les arbres alentour remuèrent doucement,
Aux alizés naissants dans les lueurs de l'aube.

Banyuls, septembre 2020

Étrange voyage

Je roule vers le monde d'après
Et le long ruban noir défile.

Je roule vers le monde d'après-
Quel sera-t-il ? – Personne à mes côtés,
Thau s'étend métallique et glacé,
Surréaliste, autoroute désertée.

Je roule vers le monde d'après
Et je laisse un truck puis deux, égarés
Sur le côté ;
Des gouttes d'eau salée maculent les vitres,
Manque de visibilité.
Cent quarante au compteur,
Triste impression de liberté,
Je devrais être confinée.
C'est le jour des morts
Et ils ont tous abandonné

Je roule vers le monde d'après,
Si seulement j'y arrivais,
Le ruban noir est déroulé.

Marseille, 7 novembre 2020

Rêve d’apesanteur

Peut-être que la poésie en apesanteur
Se libère du poids du réel,

Peut-être que la poésie en apesanteur
Fait fi du poids de nos peurs,
Peut-être que les mots jaillissent
Comme l’herbe nouvelle,
Les fleurs de flamboyant
Ou les grappes de cytise.

Peut-être que la poésie en apesanteur
Libère les cœurs rivés à nos vies,
Peut-être qu’ils prendraient une force nouvelle,
Ils battraient en nous donnant des ailes,
Et l’on entendrait le chant des oiseaux
Dans l’aube éternelle, oublieux de tout
Et l’on verrait de jeunes filles
Ondulant au soleil,
Danser la tarentelle.

Marseille, 3 novembre 2020

Automne rouge

Hommage aux jeunes gens, martyrs de notre temps

Ils étaient faits pour être libres,
Ils étaient faits pour être heureux
Comme la flèche pour la cible
Et les amis pour les aveux

Mais un doux soir de novembre,
À la terrasse d'un café, au Carillon, gai carillon
Le sort s'est acharné sur eux
Et tout a basculé
Jeunes gens innocents,
Jeunes gens sacrifiés
À la folie humaine
À l'ignorance vaine
Qu'aviez-vous fait pour mériter cette haine ?
Martyrs malgré vous
Vous étiez notre part d'humanité

Notre douceur de vivre,
À Casa nostra, à la terrasse d'un café
Quelle horrible mort que des hommes vous assènent !

Vous étiez faits pour être libres
Vous étiez faits pour être heureux.

Papeete, 14 novembre 2015

Hommage à Ebru Timtik

Ainsi mourut Ebru Timtik
De faim et d'injustice
Ebru la brune,
Tu es partie
Tu as quitté ton pays
Ton pays qui t'a trahie
À ta manière,
Tu as rejoint Ibrahim, Mustafa et Hélin
Ebru la brune, tu es partie
Par amour de la liberté
Tes yeux criant de vérité
Dénoncent le mensonge, l'étau qui se resserre,

Ebru la Kurde
Tu ne plaideras plus pour le droit de tes frères
De Dersim
Et pour nos droits à la liberté
De toi, que restera-t-il sinon ton regard d'acier ?

Ainsi mourut Ebru Timtik
De faim et d'injustice
Éprise de liberté.

Marseille, 3 octobre 2020

Hommage aux petits soldats de la République

Véronique, Camille et Marie-Bénédicte,
Pour combien de temps encore serez-vous tolérées ?
Enseigner le passé pour ne pas oublier
Les erreurs de l'Histoire,
Raconter nos aînés et leurs luttes pour la liberté,
Enseigner le respect et la tolérance,
Lutter chaque jour contre l'ignorance,
Apprendre à se documenter,
À se forger un avis personnel
Et à se rebeller.

Véronique, Camille et Marie - Bénédicte,
Votre frère a été lâchement égorgé
Comme un agneau, il a payé
Le prix de la liberté de penser
Et de s'exprimer.
Pas de quartier pour l'obscurantisme
Et tous les fanatismes.

Samuel, ta tête a roulé
Au sol, toi le sacrifié,
Sacrilège honteux
Mais nous ne sommes pas prêts
De t'oublier
Ni toi, ni tes frères et sœurs de combats.

Banyuls, 20 octobre 2020

Nadine, Vincent, Simone et les autres

La France tremble, pays des libertés
Et de la tolérance
Terroriste égaré a tiré sur un prêtre orthodoxe
Terroriste enragé a lardé de coups
Les corps innocents de Simone et Vincent
Terroriste décérébré a tranché la tête de Nadine
Terrifiant les fidèles et les Français.
Terreur rouge des gens sans terre ni foi

Et nous assistons au massacre
Impuissants, incrédules, atterrés
Que nous réserve le jour qui vient ?
Bien incertain, plein de colère,
Difficile de se taire.

Marseille, 2 novembre 2020

Hommage pour Nicole

Te souviens-tu Nicole de l'endroit où tu es
Des doux soirs de juillet où tu glissais sur l'onde,
Poussant de ta pagaie l'eau moite au soleil couchant ?
Petit diable dressé sur ta planche, le ciel rougeoyait
Tout autour de toi comme jamais il n'a fait.

Te souviens-tu Nicole, de l'endroit où tu es
Que nous les filles, sur la plage d'Ahe,
Nous avions honoré, à la tombée du jour,
En restant prosternées, la beauté de ce monde
En calant notre souffle sur son souffle,
En recueillant sa paix,
Sans mot dire, dans la nuit qui tombait ?

Te souviens-tu Nicole, de l'endroit où tu es
Des récits que tu fis, de ta belle échappée
Sur les monts du Tibet ?
Nous écoutions songeuses, nous les sédentarisées,
Ton voyage au sommet, tes rencontres fabuleuses,
Ton corps martyrisé par l'épreuve et ta joie
D'y arriver, soutenue par tes pairs.

Te souviens-tu Nicole, de l'endroit où tu es
De l'odeur des tiarés et du frangipanier
Aux fleurs rouge-orangé, ces bons soirs de juillet ?
Lorsque tu glissais sur l'eau limpide et sombre,
Toi qui aimais tant nager, fendant de ta pagaie
La flaque d'eau figée,

C'était ton chant du cygne que tu nous signifiais
Cygne noir, glissant sur un tissu moiré
Avec pour décor un ciel rouge enflammé.

Marseille, 10 décembre 2020

Terre en fureur

Elle sait ce qu'elle fait la terre,
Laissez-la faire ce qu'elle doit faire
Cracher le feu de ses cratères
Faire déborder l'eau des rivières,
Rouler sa vague mortifère
Se jouer du béton armé
Laissez-la inonder des villes entières,
Montrer aux hommes, ces prétentieux
Qu'il n'y a rien qu'elle ne puisse faire
Pour se défendre à qui mieux mieux.
Laissez-la répandre le feu.
L'homme n'aura qu'à se défaire
De ses plans les plus ambitieux
Pour une démarche salutaire.
Laissez-la faire ce qu'elle doit faire
Et cracher le feu si elle le veut.

Banyuls, 15 décembre 2020

Palpitements

Petite lentille

Une souris verte
Qui courait dans l'herbe…
Où cours-tu Nora dans tes songes agités,
Quand tu t'abandonnes dans mes bras
Au pays du monde inversé ?
Nora, Nora, miel et noix,
Soudain ton regard bleu acier
Me transperce et fait fondre mon cœur de douceur
Ta main s'agrippe à mon doigt
Tes petits pieds s'agitent
Non mais, qui c'est celle-là ?
Seul compte le sein de maman
Auquel on t'a soustrait,
Source de vie, d'amour, de paix

Nora, Nora, miel et noix
Deux anges veillent sur toi
Antoine et Anna.

Paris, 2 septembre 2020

Vent d'été

Un vent de folie a soufflé sur l'été
Nora est arrivée
Soudain, l'air est chargé de douceur
Il est plus léger et chasse les soucis
Mille têtes se penchent sur le lit
De bébé. A-t-il dormi ? S'est-il réveillé ?
Tout tourne autour de toi
Nora a babillé, Nora nous reconnaît.
Accrochée à nos bras telle une arapède
À son rocher, tu refuses le sommeil
Où tu sombres malgré toi.
Et l'on surveille le moindre soubresaut de tes paupières closes.
Que vois-tu Nora dans le monde des rêves ?
Soudain, sans crier gare, ton sourire jaillit
Et nous fondons de bonheur.

Un vent de folie a soufflé sur l'été
Nora est arrivée.

Banyuls, 21 septembre 2020

Dix ans déjà

Je t'aime
Pour les champs de coraux bleus
Les graines disséminées par les courants marins,
Et la fleur expliquée au détour d'un chemin
Pour ton corps qui jaillit des profondeurs marines
Après une longue attente, ton bras brandissant l'or
Et l'argent ruisselant.
Je t'aime pour tous les horizons que nous avons vécus
Pour l'écume des jours sans cesse renouvelée,
Pour N'do et son dernier rayon qui se pose sur l'eau.
Je t'aime
Pour tout ce qu'on ne s'est pas dit
Pour ton pas qui revient au soir de notre vie
Pour ta voix chaleureuse
Ton corps abandonné au sommeil de la nuit
Pour tes mains si puissantes et si fines
Je t'aime pour ta vie

Ne laissons pas le temps manger à notre table
Je t'aime pour nos trois fleurs en boutons qui éclosent
Et embaument nos vies d'un parfum inouï.

Nouméa, 10 février 2010

Table des matières

Imprimé en Allemagne
Achevé d'imprimer en mai 2021
Dépôt légal : mai 2021

Pour

Le Lys Bleu Éditions
83, Avenue d'Italie
75013 Paris

www.ingramcontent.com/pod-product-compliance
Lightning Source LLC
LaVergne TN
LVHW050330160826
845677LV00014B/3581

* 9 7 9 1 0 3 7 7 3 0 8 8 6 *